大方廣佛華嚴經 寫經

58

🌸 일러두기

1. 『사경본 한글역 대방광불화엄경』은 『독송본 한문·한글역 대방광불화엄경』에 수록된 한글역을 사경하는 데 편의를 도모하기 위해 편집을 달리하여 간행한 것이다.

2. 『독송본 한문·한글역 대방광불화엄경』은 실차난타가 한역(695~699)한 80권 『대방광불화엄경』의 한문 원문과 한글역을 함께 수록한 것이다. 한문 저본은 고종 2년(1865) 월정사에서 인경한 고려대장경 『대방광불화엄경』이다.

3. 한글 번역은 동국역경원에서 발간한 한글 『대방광불화엄경』(운허)을 중심으로 하고 『신화엄경합론』(탄허)과 『대방광불화엄경 강설』(여천무비) 그리고 최근의 여타 번역본 등을 참조하였다.

4. 한글 번역은 독송과 사경을 위하여 정확성과 아울러 가독성을 고려하였다. 극존칭은 부처님과 불경계에 대해서만 사용하였다.

5. 사경본의 차례는 일러두기 → 한글역 본문 → 화엄경 목차 → 간행사이며 80권 『대방광불화엄경』의 권별 목차 순으로 독송본과 함께 간행한다. (법공양판에는 간행사 다음에 간행불사 동참자를 밝혀두었다.)

사경본 한글역
대방광불화엄경 제58권

38. 이세간품 [6]

수미해주

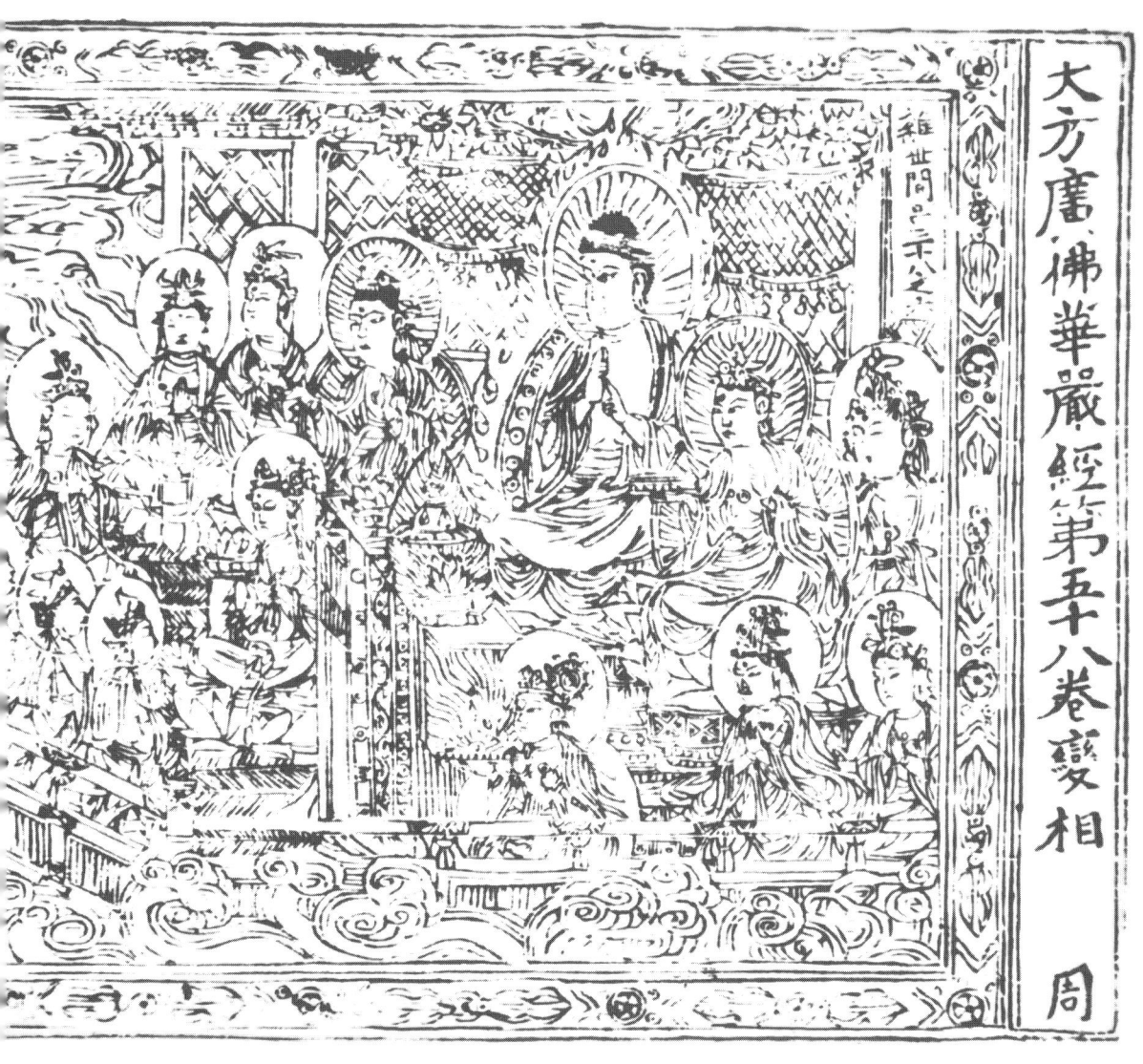

대방광불화엄경 제58권 변상도

대방광불화엄경
제58권

38. 이세간품 [6]

_____ 은(는) 『대방광불화엄경』을
사경하는 인연공덕으로
『화엄경』이 널리 유통되고
우리 모두 다함께 보리 이루기를 발원하옵니다.

대방광불화엄경

제58권

38. 이세간품 [6]

"불자들이여, 보살마하살이 열 가지 청정한 보시가 있다.

무엇이 열인가?

이른바 평등한 보시이니 중생을 가리지 않는 까닭이며, 뜻을 따르는 보시이니 그들의 소원을 채우는 까닭이며, 어지럽지 않은 보시이니 이익을 얻게 하는 까닭이며, 마땅함을 따르는 보시이니 상·중·하를 아는 까닭이다.

머무르지 않는 보시이니 과보를 구하지 않는 까닭이며, 열어 베푸는 보시이니 마음에 연연하지 않는 까닭이며, 일체 보시이니 끝까지 청정한 까닭이며, 보리에 회향하는 보시이니 함이 있고 함이 없음을 멀리 여읜 까닭이다.

중생을 교화하는 보시이니 도량에

이르기까지 버리지 않는 까닭이며, 삼륜이 청정한 보시이니 보시하는 자와 받는 자와 보시하는 물건을 바른 생각으로 관찰하기를 허공과 같이 하는 까닭이다.

이것이 열이다.

만약 모든 보살들이 이 법에 편안히 머무르면 곧 여래의 위없는 청정하고 광대한 보시를 얻는다.

불자들이여, 보살마하살이 열 가지 청정한 계가 있다.

무엇이 열인가?

이른바 몸이 청정한 계이니 몸의 세 가지 악을 막아 보호하는 까닭이며, 말이 청정한 계이니 말의 네 가지 허물을 여읜 까닭이며, 마음이 청정한 계이니 탐욕과 성냄과 삿된 소견을 길이 여읜 까닭이다.

일체 배울 곳을 깨뜨리지 않는 청정한 계이니 일체 인간과 천상 가운데 존귀한 주인이 되는 까닭이며, 보리심을 수호하는 청정한 계이니 소승을 좋아하지 않는 까닭이며, 여래께서 제정하신 것을 수호하는 청정한 계이니 내지 미세한 죄에도 큰 두려움을 내는 까닭이다.

은밀하게 보호하여 지니는 청정한 계이니 계를 범한 중생을 잘 가려내는 까닭이며, 일체 악을 짓지 않는 청정한 계이니 일체 선한 법을 닦기를 서원하는 까닭이며, 일체 '있다'라는 소견을 멀리 여의는 청정한 계이니 계에 집착함이 없는 까닭이며, 일체 중생을 수호하는 청정한 계이니 대비를 일으키는 까닭이다.

이것이 열이다.

만약 모든 보살들이 이 법에 편안히 머무르면 곧 여래의 위없고 허물이 없는 청정한 계를 얻는다.

불자들이여, 보살마하살이 열 가지 청정한 참음이 있다.

무엇이 열인가?

이른바 헐뜯고 욕함을 편안하게 받아들이는 청정한 참음이니 모든 중생들을 보호하는 까닭이며, 칼과 몽둥이를 편안하게 받아들이는 청정한 참음이니 나와 남을 잘 보호하는 까닭이며, 성냄과 해침을 내지 않는 청정한 참음이니 그 마음이 흔들리지 않는 까닭이다.

비천한 이를 꾸짖지 않는 청정한 참음이니 윗사람이 되어 능히 너그러운 까닭이며, 귀의하는 이가 있으면 다 구제해 주는 청정한 참음이니 자기의 몸과 목숨을 버리는 까닭이며, 아만을 멀리 여의는 청정한 참음이니 배우지 못한 이를 가벼이 여기지 않는 까닭이다.

해치고 헐뜯어도 성내지 않는 청정한 참음이니 환과 같음을 관찰하는 까닭이며, 침범함이 있어도 보복하지 않는 청정한 참음이니 나와 남을 보지 않는 까닭이다.

번뇌를 따르지 않는 청정한 참음이니 모든 경계를 여의는 까닭이며, 보살의 진실한 지혜를 따라 일체 법이 생멸이 없음을 아는 청정한 참음이니 다른 이의 가르침을 말미암지 않고 일체지의 경계에 들어가는 까닭이다.

이것이 열이다.

만약 모든 보살들이 그 가운데 편안히 머무르면 곧 일체 모든 부처님의 다른 이를 말미암지 않고 깨닫는 위없는 법의 참음을 얻는다.

불자들이여, 보살마하살이 열 가지 청정한 정진이 있다.

무엇이 열인가?

이른바 몸의 청정한 정진이니 모든 부처님과 보살과 모든 스승과 어른의 존중복전을 받들어 섬기고 공양올리어 물러나지 않는 까닭이다.

 말의 청정한 정진이니 들은 바 법을 따라 널리 다른 이를 위하여 설하며 부처님 공덕을 찬탄하여 피로해 하거나 게으르지 않은 까닭이다.

 뜻의 청정한 정진이니 자애롭고 가엾게 여기고 기뻐하고 버림과 선정과 해탈과 그리고 모든 삼매에 능히 잘 들고 나면서 쉬지 않는 까닭이다.

 정직한 마음의 청정한 정진이니 속임이 없고 아첨이 없고 바르지 않음이 없고 거짓이 없으며 일체를 부지런히 닦아 물러남이 없는 까닭이다.

　더욱 수승한 마음의 청정한 정진이니 뜻이 항상 높고 높은 지혜를 구함에 나아가 일체 희고 깨끗한 법을 갖추기를 원하는 까닭이다.

　헛되지 않은 청정한 정진이니 보시와 지계와 인욕과 많이 들음과 방일하지 않음을 거두어 취하며 보리에 이르기까지 중간에 쉼이 없는 까닭이다.

　일체 마를 꺾어 항복시키는 청정한 정진이니 탐욕과 성냄과 어리석음과 삿된 소견과 일체 번뇌의 모든 얽히고 덮임을 다 능히 멸하여 없애는 까닭이다.

지혜의 광명을 원만하게 이루는 청정한 정진이니 베푸는 바가 있음을 모두 잘 관찰하여 다 끝까지 하게 하고 후회하지 않게 하여 일체 부처님의 함께하지 않는 법을 얻는 까닭이다.

음도 없고 감도 없는 청정한 정진이니 여실한 지혜를 얻고 법계의 문에 들어가 몸과 말과 그리고 마음이 모두 다 평등하여 형상이 형상 아님을 알아 집착하는 바가 없는 까닭이다.

법의 광명을 성취하는 청정한 정진이니 모든 지위를 뛰어넘어 부처님의 관정을 얻고 샘이 없는 몸으로써 주고 태어나 출가하여 도를 이루고 법을 설하고 멸도함을 보이는, 이와 같은 보현의 일을 구족하는 까닭이다.

이것이 열이다.

만약 모든 보살들이 이 법에 편안히 머무르면 곧 여래의 위없는 크게 청정한 정진을 얻는다.

 불자들이여, 보살마하살이 열 가지 청정한 선정이 있다.
무엇이 열인가?
 이른바 항상 출가함을 좋아하는 청정한 선정이니 일체 가진 것을 버리는 까닭이며, 진정한 착한 벗을 얻는 청정한 선정이니 바른 도를 가르쳐 보이는 까닭이며, 아란야에 머무르면서 비바람 등을 참는 청정한 선정이니 '나'와 '나의 것'을 여의는 까닭이며, 어리석고 시끄러운 중생을 여의는 청정한 선정이니 고요함을 항상 좋아하는 까닭이다.

마음의 업이 조화롭고 부드러운 청정한 선정이니 모든 근을 수호하는 까닭이며, 마음과 지혜가 적멸한 청정한 선정이니 일체 음성과 모든 선정의 가시가 어지럽히지 못하는 까닭이며, 도를 깨닫는 방편의 청정한 선정이니 일체를 관찰하여 다 환하게 증득하는 까닭이며, 맛의 집착을 여의는 청정한 선정이니 욕계를 버리지 않는 까닭이다.

신통과 밝음을 일으키는 청정한 선정이니 일체 중생의 근기와 성품을 아는 까닭이며, 자재하게 유희하는 청정한 선정이니 부처님의 삼매에 들어가 '나'가 없음을 아는 까닭이다.

이것이 열이다.

만약 모든 보살들이 그 가운데 편안히 머무르면 곧 여래의 위없는 크게 청정한 선정을 얻는다.

불자들이여, 보살마하살이 열 가

지 청정한 지혜가 있다.

　무엇이 열인가?

　이른바 일체 원인을 아는 청정한 지혜이니 과보를 무너뜨리지 않는 까닭이며, 일체 반연을 아는 청정한 지혜이니 화합을 어기지 않는 까닭이며, 끊어지지도 않고 항상하지도 않음을 아는 청정한 지혜이니 연기가 다 사실과 같음을 밝게 통달하는 까닭이다.

　일체 소견을 뽑아내는 청정한 지혜이니 중생의 형상에 취하고 버림이 없는 까닭이며, 일체 중생의 마음 행을 관찰하는 청정한 지혜이니 환과 같음을 밝게 아는 까닭이며, 광대한 변재의 청정한 지혜이니 모든 법을 분별하여 묻고 대답함에 걸림이 없는 까닭이다.

일체 모든 마와 외도와 성문과 독각이 능히 알지 못하는 청정한 지혜이니 일체 여래의 지혜에 깊이 들어가는 까닭이며, 일체 부처님의 미묘한 법의 몸을 보고 일체 중생의 본래 성품이 청정함을 보고 일체 법이 모두 다 적멸함을 보고 일체 세계가 허공과 같음을 보는 청정한 지혜이니 일체 모양이 다 걸림 없음을 아는 까닭이다.

일체 총지와 변재와 방편과 바라밀의 청정한 지혜이니 일체 가장 수승한 지혜를 얻게 하는 까닭이며, 한 생각과 서로 응하는 금강 지혜로 일체 법이 평등함을 아는 청정한 지혜이니 일체 법에 가장 높은 지혜를 얻는 까닭이다.

이것이 열이다.

만약 모든 보살들이 그 가운데 편안히 머무르면 곧 여래의 장애가 없는 큰 지혜를 얻는다.

불자들이여, 보살마하살이 열 가지 청정한 자애로움이 있다.
무엇이 열인가?
이른바 평등한 마음의 청정한 자애로움이니 중생을 널리 거두어 가리는 바가 없는 까닭이며, 요익하게 하는 청정한 자애로움이니 짓는 바가 있음을 따라 다 환희하게 하는 까닭이다.

　중생을 거두어 자기와 같이 하는 청정한 자애로움이니 구경에 다 생사에서 벗어나게 하는 까닭이며, 세간을 버리지 않는 청정한 자애로움이니 마음에 항상 선근 모음을 생각하는 까닭이다.

　능히 해탈에 이르는 청정한 자애로움이니 널리 중생들로 하여금 일체 모든 번뇌를 멸하여 없애게 하는 까닭이며, 보리를 출생하는 청정한 자애로움이니 널리 중생들로 하여금 일체 지혜 구하는 마음을 내게 하는 까닭이다.

세간에 걸림 없는 청정한 자애로움이니 큰 광명을 놓아 평등하게 널리 비추는 까닭이며, 허공에 가득한 청정한 자애로움이니 중생을 구호하여 이르지 않는 곳이 없는 까닭이다.

법의 반연이 청정한 자애로움이니 여여하고 진실한 법을 증득하는 까닭이며, 반연이 없는 청정한 자애로움이니 보살의 생사를 여읜 성품에 들어가는 까닭이다.

이것이 열이다.

만약 모든 보살들이 이 법에 편안히 머무르면 곧 여래의 위없는 광대하고 청정한 자애로움을 얻는다.

불자들이여, 보살마하살이 열 가지 청정한 가엾게 여김이 있다.

무엇이 열인가?

이른바 짝할 이 없이 청정한 가엾게 여김이니 홀로 그 마음을 내는 까닭이며, 피로해함과 싫어함이 없는 청정한 가엾게 여김이니 일체 중생을 대신하여 괴로움을 받아도 힘들어하지 않는 까닭이며, 어려운 곳에 태어나는 청정한 가엾게 여김이니 중생을 제도하기 위한 까닭이며, 좋은 갈래에 태어나는 청정한 가엾게 여김이니 항상함이 없음을 나타내 보이는 까닭이다.

잘못 결정된 중생을 위하는 청정한 가엾게 여김이니 겁을 지나도록 큰 서원을 버리지 않는 까닭이며, 자기의 즐거움에 집착하지 않는 청정한 가엾게 여김이니 중생에게 쾌락을 널리 주는 까닭이며, 은혜 갚음을 구하지 않는 청정한 가엾게 여김이니 그 마음을 깨끗하게 닦는 까닭이며, 뒤바뀜을 능히 없애는 청정한 가엾게 여김이니 여실한 법을 설하는 까닭이다.

보살마하살이 일체 법의 본래 성품이 청정하여 물들어 집착하지도 않고 뜨거운 번뇌도 없지만 객진번뇌 때문에 온갖 괴로움을 받음을 알며, 이와 같이 알고는 모든 중생들에게 크게 가엾게 여기는 마음을 일으키니 이름이 '본래 성품이 청정함'이다. 때 없이 청정하고 밝은 법을 설하는 까닭이다.

　보살마하살이 일체 법은 허공 가운데 새의 발자국 같으나 중생들이 어리석음에 가려서 능히 밝게 비추어 깨닫지 못함을 알고, 그것을 관찰하여 크게 가엾게 여기는 마음을 일으키니 이름이 '진실한 지혜'이다. 그들을 위하여 열반의 법을 열어 보이는 까닭이다.

　이것이 열이다.

만약 모든 보살들이 이 법에 편안히 머무르면 곧 여래의 위없는 광대하고 청정한 가엾게 여김을 얻는다.

불자들이여, 보살마하살이 열 가지 청정한 기쁨이 있다.
무엇이 열인가?
이른바 보리심을 내는 청정한 기쁨과, 가진 것을 모두 버리는 청정한 기쁨과, 파계한 중생을 버리지 않고 교화하여 성취시키는 청정한 기쁨과, 악을 짓는 중생을 능히 참고 받아들여 맹세코 제도하기를 원하는 청정한 기쁨이다.

　몸을 버려서 법을 구함에 후회하는 마음을 내지 않는 청정한 기쁨과, 스스로 욕락을 버리고 법의 즐거움을 항상 좋아하는 청정한 기쁨과, 일체 중생으로 하여금 살림살이의 즐거움을 버리고 법의 즐거움을 항상 좋아하게 하는 청정한 기쁨과, 일체 부처님을 친견하고 공경하고 공양올리되 만족해 싫어함이 없는 법계가 평등한 청정한 기쁨이다.

일체 중생으로 하여금 선정과 해탈과 삼매를 좋아하여 유희하고 드나들게 하는 청정한 기쁨과, 마음에 보살도를 따르는 일체 고행을 갖추어 행하여 모니의 고요하고 동요하지 않는 위없는 선정과 지혜를 증득하기를 좋아하는 청정한 기쁨이다.

이것이 열이다.

만약 모든 보살들이 이 법에 편안히 머무르면 곧 여래의 위없는 광대하고 청정한 기쁨을 얻는다.

불자들이여, 보살마하살이 열 가지 청정한 버림이 있다.

무엇이 열인가?

이른바 일체 중생이 공경하고 공양 올리되 애착을 내지 않는 청정한 버림과, 일체 중생이 업신여기고 헐뜯고 욕해도 성을 내지 않는 청정한 버림이다.

세간에 항상 다녀도 세간의 여덟 가지 법에 물들지 않는 청정한 버림과, 법의 그릇인 중생은 때를 따라 교화하고 법의 그릇이 아닌 이도 또한 싫어하지 않는 청정한 버림이다.

이승의 배우는 이와 배울 것 없는 이의 법을 구하지 않는 청정한 버림과, 마음에 항상 일체 욕락과 번뇌를 따르는 법을 멀리 여의는 청정한 버림과, 이승의 생사를 싫어하여 여의는 것을 찬탄하지 않는 청정한 버림이다.

일체 세간의 말과 열반이 아닌 말과 욕심을 여의지 않은 말과 이치에 맞지 않는 말과 남을 시끄럽게 하는 말과 성문 독각의 말을 멀리 여의며

간략히 말하여 내지 일체 보살도를 장애하는 말을 모두 다 멀리 여의는 청정한 버림이다.

혹 어떤 중생은 근기가 이미 성숙하여 생각하는 지혜를 내되 최상의 법을 아직 능히 알지 못하면 때를 기다려 비로소 교화하는 청정한 버림이다.

혹 어떤 중생은 보살이 지난 옛적에 이미 일찍이 교화하였으나 부처님 지위에 이르러야 비로소 조복할 수 있더라도 그 또한 때를 기다리는 청정한 버림이다.

보살마하살이 저 두 사람에게 높은 것도 없고 낮은 것도 없으며 취함도 없고 버림도 없어서 일체 갖가지 분별을 멀리 여의고, 항상 바른 선정에 머물러 여실한 법에 들어가서 마음에 견디고 참을 수 있는 청정한 버림이다.

이것이 열이다.

만약 모든 보살들이 그 가운데 편안히 머무르면 곧 여래의 위없는 광대하고 청정한 버림을 얻는다.

불자들이여, 보살마하살이 열 가지 뜻이 있다.

무엇이 열인가?

이른바 많이 듣는 뜻이니 견고하게 수행하는 까닭이며, 법의 뜻이니 교묘하게 생각하여 가려내는 까닭이며, 공의 뜻이니 첫째가는 뜻이 공인 까닭이며, 고요한 뜻이니 모든 중생들의 시끄러움을 여읜 까닭이다.

말할 수 없는 뜻이니 일체 말에 집착하지 않는 까닭이며, 여실한 뜻이니 삼세가 평등함을 밝게 통달하는 까닭이며, 법계의 뜻이니 일체 모든 법이 한맛인 까닭이며, 진여의 뜻이니 일체 여래가 따라 들어가는 까닭이다.

실제의 뜻이니 구경에 사실과 같음을 밝게 아는 까닭이며, 큰 반열반의 뜻이니 일체 괴로움을 멸하고 보살의 모든 행을 닦는 까닭이다.

이것이 열이다.

만약 모든 보살들이 이 법에 편안히 머무르면 곧 일체 지혜의 위없는 뜻을 얻는다.

불자들이여, 보살마하살이 열 가지 법이 있다.

무엇이 열인가?

이른바 진실한 법이니 말한 대로 수행하는 까닭이며, 취함을 여의는 법이니 능히 취함과 취할 바를 다 여의는 까닭이며, 다툼이 없는 법이니 일체 의혹과 다툼이 없는 까닭이며, 적멸한 법이니 일체 뜨거운 번뇌를 멸하여 없애는 까닭이다.

욕심을 여의는 법이니 일체 탐욕을 다 끊은 까닭이며, 분별이 없는 법이니 반연하여 분별함을 길이 쉬는 까닭이며, 남이 없는 법이니 마치 허공과 같이 움직이지 않는 까닭이다.

함이 없는 법이니 나고 머무르고 멸하는 모든 모양을 여읜 까닭이며, 본래 성품의 법이니 제 성품이 물들지 않고 청정한 까닭이며, 일체 오파제열반을 버리는 법이니 일체 보살행을 능히 내어 닦아 익히고 끊어지지 않는 까닭이다.

이것이 열이다.

만약 모든 보살들이 그 가운데 편

안히 머무르면 곧 여래의 위없는 광대한 법을 얻는다.

　불자들이여, 보살마하살이 열 가지 복덕의 도를 돕는 도구가 있다.
　무엇이 열인가?
　이른바 중생들에게 권하여 보리심을 일으키게 함이 보살의 복덕의 도를 돕는 도구이니 삼보의 종자를 끊지 않는 까닭이다.
　열 가지 회향을 수순함이 보살의 복덕의 도를 돕는 도구이니 일체 착하지 못한 법을 끊고 일체 착한 법을 모으는 까닭이다.

지혜로 달래어 가르침이 보살의 복덕의 도를 돕는 도구이니 삼계의 복덕을 초과하는 까닭이며, 마음에 피로하여 게으름이 없는 것이 보살의 복덕의 도를 돕는 도구이니 구경에 일체 중생을 제도하여 해탈시키는 까닭이다.

안팎의 일체 있는 바를 모두 버림이 보살의 복덕의 도를 돕는 도구이니 일체 물건에 집착하는 바가 없는 까닭이며, 상호를 만족하기 위하여 정진하여 물러나지 않음이 보살의 복덕의 도를 돕는 도구이니 문을 열고 크게 보시하여 제한하는 바가 없는 까닭이다.

　상·중·하 삼품의 선근을 모두 위없는 보리에 회향하되 마음에 가벼이 여기는 바가 없음이 보살의 복덕의 도를 돕는 도구이니 교묘한 방편과 서로 응하는 까닭이며, 잘못 결정되고 하열하고 선하지 못한 중생들에게 다 대비를 내고 비천하게 여기지 아니함이 보살의 복덕의 도를 돕는 도구이니 항상 대인의 큰 서원의 마음을 일으키는 까닭이다.

일체 여래를 공경하고 공양올리며, 일체 보살에게 여래라는 생각을 일으키며, 일체 중생에게 다 환희를 내게 함이 보살의 복덕의 도를 돕는 도구이니 본래의 뜻과 원을 지킴이 지극히 견고한 까닭이다.

보살마하살이 아승지 겁에 선근을 쌓아 모았으므로 스스로 위없는 보리를 증득하고자 하면 손바닥 가운데 있는 것 같지만, 그러나 모두 일체 중생에게 주면서도 마음에 근심 걱정이 없고 또한 회한도 없으며, 그 마음이 광대하여 허공계와 같다. 이것이 보살의 복덕의 도를 돕는 도구이니 큰 지혜를 일으켜 큰 법을 증득하는 까닭이다.

이것이 열이다.

만약 모든 보살들이 그 가운데 편안히 머무르면 곧 여래의 위없는 광대한 복덕 무더기를 구족한다.

불자들이여, 보살마하살이 열 가지 지혜의 도를 돕는 도구가 있다.

무엇이 열인가?

이른바 진실한 선지식을 친근하여 많이 듣고 공경하고 공양하며 존중하여 예배하며 갖가지로 수순하여 그 가르침을 어기지 않는다. 이것이 하나이니, 일체가 정직하여 헛된 속임이 없는 까닭이다.

길이 교만을 여의고 항상 겸손하고 공경을 행하여, 몸과 말과 뜻의 업이 거칠거나 사납지 아니하며 부드럽고

착하고 순하여 거짓되지 않고 바르지 못함이 없다. 이것이 둘이니, 그 몸이 부처님 법의 그릇이 됨을 감당하는 까닭이다.

생각하는 지혜가 깨달음을 따라 일찍이 산란하지 않으며 부끄러워하고 부드러우며 마음이 편안하여 움직이지 않고 항상 여섯 가지 생각을 기억하며, 항상 여섯 가지 공경을 행하며, 항상 여섯 가지 견고한 법을 따라 머무른다. 이것이 셋이니, 열 가지 지혜로 더불어 방편을 삼는 까닭이다.

 법을 좋아하고 이치를 좋아하여 법으로 즐거움을 삼으며, 항상 듣기를 좋아하여 만족해 싫어함이 없으며, 세상 언론과 세상 언설을 버리어 여의고 오롯한 마음으로 출세간 말을 들으며, 소승을 멀리 떠나고 대승의 지혜에 들어간다. 이것이 넷이니, 일심으로 생각하고 산란함이 없는 까닭이다.

 육바라밀을 마음이 오롯이 짊어지며, 네 가지 범천에 머무름에 행이 이미 성숙하였으며, 밝은 법을 수순하여 모두 잘 수행하며, 총명하고 민첩한 지혜 있는 사람에게 다 부지런히 청해 물으며, 악한 길을 멀리 떠나고 선한 길에 나아가며 마음이 항상 즐거워하며 바른 생각으로 관찰하며 자기의 감정을 조복하고 다른 이의 뜻을 수호한다. 이것이 다섯이니, 진실한 행을 견고하게 닦아 행하는 까닭이다.

항상 벗어남을 좋아하고, 삼유에 집착하지 아니하며, 항상 자기 마음을 깨닫고, 일찍이 나쁜 생각이 없으며, 세 가지 감각이 이미 끊어졌고, 세 가지 업이 모두 착하여 결정코 마음의 자성을 밝게 안다. 이것이 여섯이니, 능히 나와 남으로 하여금 마음이 청정하게 하는 까닭이다.

오온은 다 환의 일과 같고 계는 독사와 같고 처는 빈 마을과 같고 일체 모든 법이 환과 같고 아지랑이와 같고 물 속의 달과 같고 꿈과 같고 그림자와 같고 메아리와 같고 영상과 같고 허공 중의 그림과 같고 도는 불바퀴와 같고 무지개의 색과 같고 해와 달의 빛과 같아서 모양도 없으며, 형상도 없으며, 항상한 것도 아니며, 끊어진 것도 아니며, 온 것도 아니며, 간 것도 아니며, 또한 머무르는 바도 없음을 관찰한다.

이와 같이 관찰하여 일체 법이 남도 없고 멸함도 없음을 안다. 이것이 일곱이니, 일체 법이 성품이 공적함을 아는 까닭이다.

보살마하살이 일체 법이 '나'도 없고 중생도 없고 오래 사는 것도 없으며, 보가라도 없으며, 마음도 없고 경계도 없으며, 탐욕과 성냄과 어리석음도 없으며, 몸도 없고 물건도 없으며, 주체도 없고 상대도 없으며, 집착할 것도 없으며, 행할 것도 없다. 이와 같이 일체가 다 있는 바가 없어서 모두 적멸로 돌아간다는 말을 듣고, 듣고는 깊이 믿어서 의심하지 않고 비방하지 않는다. 이것이 여덟이니, 능히 원만한 지혜를 성취하는 까닭이다.

보살마하살이 모든 근을 잘 조복하

여 이치대로 수행하며 항상 지관에 머물러 마음과 뜻이 고요하여 일체 흔들리는 생각이 모두 다 나지 않는다.

'나'도 없고 사람도 없고 지을 것도 없고 행할 것도 없으며, '나'라는 생각으로 헤아릴 것도 없으며, '나'라 할 업으로 헤아릴 것도 없으며, 상처도 없고 흉터도 없으며, 또한 이에 얻을 바 인식도 없으며, 몸과 말과 뜻의 업이 옴도 없고 감도 없고 정진도 없고 또한 용맹도 없다.

일체 중생과 일체 모든 법을 관찰함에 마음이 다 평등하여 머무르는 바가 없으며, 이 언덕도 아니고 저 언덕도 아니어서 이것과 저것의 성품을 떠났으며, 좇아 온 바도 없고 이르러 간 바도 없다. 항상 지혜로써 이와 같이 사유한다. 이것이 아홉이니, 분별하는 모양의 저 언덕에 이르는 까닭이다.

보살마하살이 연기법을 본 까닭으로 법이 청정함을 보고, 법이 청정함을 본 까닭으로 국토가 청정함을 보고, 국토가 청정함을 본 까닭으로 허공이 청정함을 본다.

허공이 청정함을 본 까닭으로 법계가 청정함을 보고, 법계가 청정함을 본 까닭으로 지혜가 청정함을 본다. 이것이 열이니, 행을 닦아 일체 지혜를 쌓아 모으는 까닭이다.

불자들이여, 이것이 보살마하살의 열 가지 지혜의 도를 돕는 도구이다. 만약 모든 보살들이 이 법에 편안히 머무르면 곧 여래의 일체 법에 장애가 없이 청정하고 미묘한 지혜 무더기를 얻는다.

 불자들이여, 보살마하살이 열 가지 밝음이 구족함이 있다.
 무엇이 열인가?
 이른바 모든 법을 잘 분별하는 밝음이 구족함과, 모든 법에 집착하지 않는 밝음이 구족함과, 뒤바뀐 소견을 여읜 밝음이 구족함이다.
 지혜의 광명이 모든 근을 비추는 밝음이 구족함과, 바른 정진을 교묘하게 일으키는 밝음이 구족함과, 진실한 진리의 지혜에 깊이 들어가는 밝음이 구족함과, 번뇌의 업을 멸하고 다한 지혜와 남이 없는 지혜를 성취하는 밝음이 구족함이다.

하늘눈의 지혜로 널리 관찰하는 밝음이 구족함과, 전생의 일을 아는 생각으로 앞 세상이 청정함을 아는 밝음이 구족함과, 번뇌가 다한 신통한 지혜로 중생의 모든 번뇌를 끊는 밝음이 구족함이다.

이것이 열이다.

만약 모든 보살들이 이 법에 편안

히 머무르면 곧 여래의 일체 부처님 법에서 위없는 큰 광명을 얻는다.

　불자들이여, 보살마하살이 열 가지 법을 구함이 있다.
　무엇이 열인가?
　이른바 곧은 마음으로 법을 구함이니 아첨하고 속임이 없는 까닭이며, 정진하여 법을 구함이니 게으름과 교만을 멀리 여읜 까닭이다.
　한결같이 법을 구함이니 몸과 목숨을 아끼지 않는 까닭이며, 일체 중생의 번뇌를 끊기 위하여 법을 구함이니 명예와 이익과 공경함을 위하지 않는 까닭이다.

'나'와 남의 일체 중생을 요익하게 하기 위하여 법을 구함이니 단지 자기의 이익만이 아닌 까닭이며, 지혜에 들어가기 위하여 법을 구함이니 문자를 좋아하지 않는 까닭이다.

생사에서 벗어나기 위하여 법을 구함이니 세상의 쾌락을 탐하지 않는 까닭이며, 중생을 제도하기 위하여 법을 구함이니 보리심을 내는 까닭이다.

 일체 중생의 의심을 끊기 위하여 법을 구함이니 망설임을 없게 하는 까닭이며, 부처님 법을 만족하기 위하여 법을 구함이니 다른 탈 것을 좋아하지 않는 까닭이다.

 이것이 열이다.

 만약 모든 보살들이 이 법에 편안히 머무르면 곧 다른 이의 가르침을 말미암지 않고 일체 부처님 법의 큰 지혜를 얻는다.

불자들이여, 보살마하살이 열 가지 밝게 아는 법이 있다.

무엇이 열인가?

이른바 세속을 따라서 선근을 생장함이 어리석은 범부의 밝게 아는 법이며, 걸림 없고 깨뜨릴 수 없는 믿음을 얻어 법의 자성을 깨달음이 믿음을 따라 행하는 사람의 밝게 아는 법이다.

부지런히 법을 닦고 익혀 법을 따라 머무름이 법을 따라 행하는 사람의 밝게 아는 법이며, 여덟 가지 삿

됨을 멀리 여의고 여덟 가지 바른 길을 향함이 여덟째 사람의 밝게 아는 법이다.

온갖 결박을 멸하여 없애고 생사의 번뇌를 끊고 진실한 진리를 봄이 수다원 사람의 밝게 아는 법이며, 맛들임이 걱정임을 관하고 가고 옴이 없는 것을 앎이 사다함 사람의 밝게 아는 법이다.

삼계를 좋아하지 않고 번뇌가 다함을 구하여 태어나는 법에 내지 한 생각에도 애착하지 않음이 아나함 사람의 밝게 아는 법이며, 여섯 가지 신통을 얻고 여덟 가지 해탈을 얻어 아홉 가지 선정과 네 가지 변재를 모두 다 성취함이 아라한 사람의 밝게 아는 법이다.

성품이 한결같이 연기를 관찰하기를 좋아하되 마음이 항상 고요하며, 만족함을 알아 일이 적으며, 아는 것이 자기로 인하여 얻고 깨달음이 다른 이를 말미암지 아니하고 갖가지 신통과 지혜를 성취함이 벽지불 사람의 밝게 아는 법이다.

지혜가 광대하고 모든 근이 총명하여 항상 일체 중생을 제도하기를 좋아하며 복과 지혜의 도를 돕는 법을 부지런히 닦아서, 여래께서 지니신 십력과 두려움 없음과 일체 공덕을 원만히 구족함이 보살 사람의 밝게 아는 법이다.

이것이 열이다.

만약 모든 보살들이 이 법에 편안히 머무르면 곧 여래의 위없는 큰 지혜로 밝게 아는 법을 얻는다.

불자들이여, 보살마하살이 열 가지 수행법이 있다.

무엇이 열인가?

이른바 모든 선지식을 공경하고 존중하는 수행법과, 항상 모든 천신들의 깨닫는 바가 되는 수행법과, 모든 부처님 처소에서 항상 뉘우치고 부끄러워하는 수행법과, 중생을 불쌍히 여기어 생사를 버리지 않는 수행법이다.

일은 반드시 끝까지 이르고 마음에 변동이 없는 수행법과, 대승의 마음을 낸 모든 보살 대중들을 오롯한 마음으로 따라다니며 부지런히 닦아 배우는 수행법과, 삿된 소견을 멀리 여의고 바른 도를 부지런히 구하는 수행법이다.

온갖 마군과 번뇌의 업을 꺾어 부수는 수행법과, 모든 중생들의 근성이 수승하고 하열함을 알아서 법을 설하여 부처님의 지위에 머무르게 하는 수행법과, 가없는 광대한 법계에 편안히 머물러 번뇌를 멸하여 없애고 몸이 청정하게 하는 수행법이다.

이것이 열이다.

만약 모든 보살들이 그 가운데 편안히 머무르면 곧 여래의 위없는 수행법을 얻는다.

불자들이여, 보살마하살이 열 가지 마가 있다.

무엇이 열인가?

이른바 온의 마이니 모든 취착을 내는 까닭이며, 번뇌의 마이니 항상 섞이어 물드는 까닭이며, 업의 마이니 능히 장애하는 까닭이며, 마음의 마이니 공고한 아만을 일으키는 까닭이다.

죽음의 마이니 태어난 곳을 버리는 까닭이며, 하늘의 마이니 스스로 교만하고 방종하는 까닭이며, 선근의 마이니 항상 집착하여 취하는 까닭이다.

삼매의 마이니 오랫동안 맛을 탐하는 까닭이며, 선지식의 마이니 집착하는 마음을 내는 까닭이며, 보리법의 지혜의 마이니 버리어 여의기를 원하지 않는 까닭이다.

이것이 열이다.

보살마하살이 마땅히 방편을 지어 속히 멀리 여의기를 구하여야 한다.

불자들이여, 보살마하살이 열 가지 마의 업이 있다.

무엇이 열인가?

이른바 보리심을 잊어버리고 모든 선근을 닦음이 마의 업이다.

나쁜 마음으로 보시하며, 성난 마음으로 계를 지니며, 나쁜 성품의 사람을 버리며, 게으른 자를 멀리하며, 산란한 뜻을 가벼이 여기며, 나쁜 지혜 있는 이를 꺼리고 싫어함이 마의 업이다.

　매우 깊은 법에 인색한 마음을 내어 교화를 감당할 수 있는 자라도 설하지 않으며, 만약 재물의 이익과 공경 공양을 얻으면 비록 법의 그릇이 아니지만 굳이 설함이 마의 업이다.

　모든 바라밀을 듣기를 즐겨하지 않으며, 가령 설함을 듣더라도 수행하지 않으며, 비록 또한 수행하더라도 게으름을 많이 내며, 게으른 까닭으로 뜻이 좁고 용렬하여 위없는 큰 보리의 법을 구하지 아니함이 마의 업이다.

선지식을 멀리하고 악지식을 가까이하며, 이승을 즐겨 구하여 태어나기를 좋아하지 않으며, 뜻은 열반을 숭상하여 욕심을 여의고 고요히 함이 마의 업이다.

보살의 처소에서 성내는 마음을 일으켜 나쁜 눈으로 보고 그 허물을 찾아내어 그 잘못을 말하며, 그들이

소유한 재물의 이익과 공양을 끊음이 마의 업이다.

바른 법을 비방하여 듣기를 즐겨하지 않으며, 가령 듣더라도 곧 헐뜯으며, 법을 설하는 사람을 보고 존중하는 마음을 내지 않으며, 자기의 말은 옳고 다른 이의 말은 모두 그르다고 말함이 마의 업이다.

세상의 언론을 배워 말을 교묘하게 서술하기를 즐겨하며, 이승을 활짝 열고 깊은 법은 숨기고 덮으며, 혹은 미묘한 이치를 그 사람이 아닌 데 주며, 보리를 멀리 여의고 삿된 길에 머무름이 마의 업이다.

이미 해탈을 얻어 이미 편안한 자는 항상 즐겨 친근하여 그에게 공양하며, 아직 해탈을 얻지 못하여 편안하지 못한 자는 즐거이 친근하지 않고 또한 교화하지 않음이 마의 업이다.

아만이 더욱 늘어서 공경함이 없으며, 모든 중생들에게 괴롭히고 해침을 많이 행하며, 바른 법과 진실한 지혜를 구하지 않고 그 마음이 악하여 깨우치기 어려움이 마의 업이다.

이것이 열이다.

보살마하살이 마땅히 속히 멀리 여의고 부처님의 업을 부지런히 구하여야 한다.

불자들이여, 보살마하살이 열 가지 마의 업을 버리어 여읨이 있다.

무엇이 열인가?

이른바 선지식을 가까이하여 공경하고 공양하여 마의 업을 버리어 여의며, 스스로 높은 체하지 않고 스스로 찬탄하지 아니하여 마의 업을 버리어 여의며, 부처님의 깊은 법을 믿고 이해하여 비방하지 아니하여 마의 업을 버리어 여읜다.

일체 지혜의 마음을 일찍이 잊어버리지 아니하여 마의 업을 버리어 여의며, 묘한 행을 부지런히 닦고 항상 방일하지 아니하여 마의 업을 버리어 여의며, 일체 보살장의 법을 항상 구하여 마의 업을 버리어 여읜다.

항상 법을 연설하여도 피로해하거

나 게으르지 아니하여 마의 업을 버리어 여의며, 시방의 일체 부처님께 귀의하여 구호하려는 생각을 일으키어 마의 업을 버리어 여읜다.

일체 모든 부처님께서 위신력으로 가지하심을 믿어 받들고 생각하여 마의 업을 버리어 여의며, 일체 보살과 더불어 선근을 함께 심어 평등하고 둘이 없어서 마의 업을 버리어 여읜다.

이것이 열이다.

만약 모든 보살들이 이 법에 편안

히 머무르면 곧 능히 일체 마의 길에서 벗어난다.

　불자들이여, 보살마하살이 열 가지 부처님을 봄이 있다.
　무엇이 열인가?
　이른바 세간에 편안히 머물러서 바른 깨달음을 이루신 부처님에게서 집착이 없으심을 보며, 서원의 부처님에게서 태어나심을 보며, 업보의 부처님에게서 깊은 믿음을 보며, 머물러 유지하는 부처님에게서 수순하심을 본다.

열반의 부처님에게서 깊이 들어가심을 보며, 법계의 부처님에게서 두루 이르심을 보며, 마음의 부처님에게서 편히 머무르심을 보며, 삼매의 부처님에게서 한량없고 의지 없으심을 본다.

본래 성품의 부처님에게서 밝게 아심을 보며, 좋아함을 따르는 부처님에게서 널리 받으심을 본다.

이것이 열이다.

만약 모든 보살들이 이 법에 편안

히 머무르면 곧 항상 위없는 여래를 보게 된다.

　불자들이여, 보살마하살이 열 가지 부처님의 업이 있다.
　무엇이 열인가?
　이른바 때를 따라 깨우쳐 인도하심이 부처님의 업이니 바르게 수행하게 하시는 까닭이며, 꿈속에서 보게 하심이 부처님의 업이니 옛 선근을 깨닫는 까닭이다.
　다른 이를 위하여 아직 듣지 못한

바 경을 연설하심이 부처님의 업이니 지혜가 생겨 의심을 끊게 하시는 까닭이며, 후회와 결박에 얽힌 자를 위하여 벗어나는 법을 설하심이 부처님의 업이니 의심을 여의게 하시는 까닭이다.

 만약 어떤 중생이 아끼는 마음과 내지 나쁜 지혜의 마음과 이승의 마음과 해치려는 마음과 의심하여 미혹한 마음과 흔들리는 마음과 교만한 마음을 일으키면 여래의 온갖 상호로 장엄한 몸을 나타내심이 부처님의 업이니 과거의 선근이 나서 자라는 까닭이다.

　바른 법을 만나기 어려울 때에 널리 법을 설하시어 그들로 하여금 듣고는 다라니의 지혜와 신통의 지혜를 얻게 하시어 한량없는 중생들을 널리 능히 이익하게 하심이 부처님의 업이니 수승한 지혜가 청정하신 까닭이다.

　만약 마의 일이 일어남이 있으면 능히 방편으로 허공계와 같은 소리를 나타내어 다른 이를 해롭게 하지 않는 법을 설하여 대치하심으로써 그들을 깨닫게 하시면 온갖 마가 듣고는 위엄과 빛이 멸하여 없어짐이 부처님의 업이니 뜻이 수승함을 좋아하여 위덕이 크신 까닭이다.

그 마음에 간단함이 없이 항상 스스로 수호하여 이승의 바른 지위에 증득하여 들어가지 않게 하신다.

만약 어떤 중생이 근성이 성숙하지 못하면 마침내 해탈하는 경계를 설하시지 않음이 부처님의 업이니 본래의 서원으로 지으시는 바인 까닭이다.

　생사의 결박된 번뇌를 일체 다 여의고 보살행을 닦되 상속해 끊어지지 아니하여 대비의 마음으로 중생들을 거두어서 그들이 행을 일으키고 구경에 해탈하게 하심이 부처님의 업이니 보살행을 닦아 행함을 끊지 않으시는 까닭이다.

　보살마하살이 자신과 중생들이 본래 적멸함을 밝게 통달하여 놀라지 않고 두려워하지 않되 복과 지혜를 부지런히 닦아 만족해 싫어함이 없으며, 비록 일체 법이 조작함이 없음을 알지만 또한 모든 법의 제 모양을 버리지 않는다.

비록 모든 경계에 탐욕을 길이 여의었으나 항상 모든 부처님의 색신을 우러러보고 받들기를 좋아하며, 비록 다른 이를 말미암지 않고 법에 깨달아 들어감을 알지만 갖가지 방편으로 일체지를 구한다.

비록 모든 국토가 다 허공과 같음을 알지만 항상 일체 부처님 세계를 장엄하기를 좋아하며, 비록 남도 없고 '나'도 없음을 항상 관찰하지만 중생을 교화하여 피로함과 싫어함이 없다.

　비록 법계는 본래 움직이지 않지만 신통과 지혜의 힘으로 온갖 변화를 나타내며, 비록 이미 일체지의 지혜를 성취하였으나 보살행을 닦음에 휴식함이 없으며, 비록 모든 법이 말할 수 없음을 알지만 청정한 법륜을 굴려서 중생의 마음이 기쁘게 한다.

　비록 모든 부처님의 위신력을 능히 나타내 보이지만 보살의 몸을 싫어하여 버리지 않으며, 비록 큰 반열반에 들어감을 나타내지만 일체 처에서 태어남을 나타내 보여 능히 이와 같이 방편과 실제를 쌍으로 행하는 법을 짓는다. 이것이 부처님의 업이다.

이것이 열이다.

만약 모든 보살들이 그 가운데 편안히 머무르면 곧 다른 이의 가르침을 말미암지 않고 위없고 스승 없는 광대한 업을 얻는다.

불자들이여, 보살마하살이 열 가지 교만한 업이 있다.

무엇이 열인가?

이른바 스님과 부모와 사문과 바라문들이 바른 도에 머무르고 바른 도로 향하는 자들인 존중할 복밭의 처소에 공경하지 않음이 교만한 업이다.

혹은 어떤 법사가 가장 수승한 법을 얻고 대승을 타서 벗어나는 중요한 길을 알며 다라니를 얻어서 경전의 광대한 법을 연설하되 쉬지 아니하면, 그곳에 공고한 아만의 마음을 일으키며 설하는 바 법을 공경하지 않음이 교만한 업이다.

대중모임에서 묘한 법 설함을 듣고도 즐거이 찬탄하여 다른 이들로 하여금 믿고 받아들이게 하지 않음이 교만한 업이다.

지나친 교만 일으킴을 좋아하여 스스로를 높이고 남을 업신여기며, 자기의 허물을 보지 않고 자기의 단점을 알지 못함이 교만한 업이다.

더욱 지나친 교만을 일으킴을 좋아

하여 덕이 있는 사람을 보고 마땅히 칭찬해야 하지만 칭찬하지 않으며, 다른 이가 찬탄하는 것을 보고 기뻐하지 않음이 교만한 업이다.

어떤 법사가 사람들을 위하여 법 설함을 보고 이것이 법이며 이것이 계율이며 이것이 진실이며 이것이 부처님 말씀임을 알면서도 그 사람을 미워하며 또한 그 법도 싫어해서 스스로 비방을 일으키고 또한 다른 이로 하여금 비방하게 함이 교만한 업이다.

스스로 높은 자리를 구하여 법사를 자칭하면서 마땅히 공양을 받아야 하고 마땅히 직접 일을 하지 않아야 한다고 하여, 나이가 많은 이와 오랫동안 수행한 사람을 보고도 일어나서 맞이하지 않고 즐거이 받들어 섬기지도 않음이 교만한 업이다.

덕이 있는 사람을 보고는 얼굴을 찌푸리고 좋아하지 않으며, 말이 거칠고 그 허물만 찾는 것이 교만한 업이다.

총명하고 지혜가 있어 법을 아는

사람을 보고도 즐거이 친근하여 공경하고 공양올리지 않으며, 무엇이 선이고 무엇이 선하지 않음이며, 무엇이 마땅히 해야 할 것이고 무엇이 마땅히 하지 않아야 할 것이며, 무슨 업을 지으면 긴 밤에 갖가지 이익과 안락을 얻는가를 즐겨 묻지 아니하며, 어리석고 완고하고 사납고 아만에 사로잡혀 마침내 벗어나는 중요한 길을 능히 보지 못함이 교만한 업이다.

다시 어떤 중생은 교만한 마음에

덮여서 모든 부처님께서 세상에 출현하셔도 능히 친근하여 공경하고 공양올리지 못한다. 새로운 선업은 일으키지 못하고 예전 선업은 소멸하며, 마땅히 말하지 않아야 할 것을 말하고, 마땅히 다투지 않아야 할 것을 다투면 미래에 반드시 험난한 깊은 구덩이에 빠져서 백천 겁 동안에 오히려 부처님을 만나지 못하는데 어떻게 하물며 법을 들을 수 있겠는가? 다만 일찍이 보리심을 낸 까닭으로 마침내 스스로 깨달음이 교만한 업이다.
 이것이 열이다.

 만약 모든 보살들이 이 교만한 업을 여의면 곧 열 가지 지혜의 업을 얻는다.
 무엇이 열인가?
 이른바 업과 과보를 믿고 이해하여 원인과 결과를 무너뜨리지 않는 것이 지혜의 업이다.
 보리심을 버리지 않고 모든 부처님을 항상 생각하는 것이 지혜의 업이다.

 선지식을 가까이하여 공경하고 공양올리며 그 마음으로 존중하여 마침내 싫어하거나 게으르지 않은 것이 지혜의 업이다.

 법을 좋아하고 뜻을 좋아하여 만족해 싫어함이 없어 삿된 생각을 멀리 여의고 바른 생각을 부지런히 닦는 것이 지혜의 업이다.

 일체 중생에게 아만을 여의고 모든 보살들에게 여래라는 생각을 일으키며, 바른 법을 사랑하고 중히 여기기를 자기 몸을 아끼듯 하며, 여래를 존중하여 받들기를 자기 목숨을 보호하듯 하며, 수행자에게 모든 부처님이라는 생각을 내는 것이 지혜의 업이다.

몸과 말과 뜻의 업에 모든 선하지 않음이 없고, 성현들을 찬미하고 보리를 수순하는 것이 지혜의 업이다.

연기를 파괴하지 않고 모든 삿된 소견을 여의며 어둠을 깨뜨리고 밝음을 얻어 일체 법을 비추는 것이 지혜의 업이다.

열 가지 회향을 따라 수행하며 모든 바라밀에 자애로운 어머니라는 생각을 일으키며 교묘한 방편에는 자애로운 아버지라는 생각을 일으켜 깊고 깨끗한 마음으로 보리의 집에 들어가는 것이 지혜의 업이다.

보시와 계율과 많이 들음과 지관과 복과 지혜의 이와 같은 일체 도를 돕는 법을 항상 부지런히 쌓아 모아 게으르지 않은 것이 지혜의 업이다.

만약 하나의 업이라도 부처님께서 칭찬하시는 바가 되어 온갖 마와 번뇌와 투쟁을 능히 깨뜨리며, 일체 장애와 덮음과 결박과 얽힘을 능히 여의며, 일체 중생을 능히 교화하여 조복하며, 능히 지혜를 따라서 바른 법을 거두어 가지며, 부처님 세계를 능히 깨끗이 장엄하며, 신통과 밝음을 능히 일으키면, 다 부지런히 닦아 익혀 게으르거나 물러나지 않는 것이 지혜의 업이다.

이것이 열이다.

만약 모든 보살들이 그 가운데 편안히 머무르면 곧 여래의 일체 교묘한 방편과 위없는 큰 지혜의 업을 얻는다.

불자들이여, 보살마하살이 열 가지 마에 거두어 잡힌 것이 있다.
무엇이 열인가?
이른바 게으른 마음이 마에 거두어 잡힌 것이며, 뜻이 편협하고 하열한 것을 좋아함이 마에 거두어 잡힌 것이며, 조금 행하고 만족해함이 마에 거두어 잡힌 것이며, 하나를 받아들이고 다른 것은 아니라고 함이 마에 거두어 잡힌 것이다.

큰 원을 내지 못함이 마에 거두어 잡힌 것이며, 고요한 데 있음을 좋아하여 번뇌를 끊어 없앰이 마에 거두어 잡힌 것이며, 생사를 길이 끊음이 마에 거두어 잡힌 것이다.

보살행을 버림이 마에 거두어 잡힌 것이며, 중생을 교화하지 않음이 마에 거두어 잡힌 것이며, 바른 법을 의심하여 비방함이 마에 거두어 잡힌 것이다.

이것이 열이다.

만약 모든 보살들이 이 마에 거두어 잡힌 것을 능히 버리면 곧 열 가지 부처님께서 거두어 지니시는 바를 얻는다.

무엇이 열인가?

이른바 처음에 비로소 보리심을 능히 내는 것이 부처님께서 거두어 지니시는 바이며, 태어나고 태어나는 가운데 보리심을 지니고 잊어버리지 않게 하는 것이 부처님께서 거두어 지니시는 바이며, 모든 마의 일을 깨달아 모두 능히 멀리 여의는 것이 부처님께서 거두어 지니시는 바이다.

　모든 바라밀을 듣고 말한 대로 수행하는 것이 부처님께서 거두어 지니시는 바이며, 생사의 고통을 알지만 싫어하고 미워하지 않는 것이 부처님께서 거두어 지니시는 바이며, 매우 깊은 법을 관찰하여 한량없는 과보를 얻는 것이 부처님께서 거두어 지니시는 바이다.

　모든 중생들을 위하여 이승의 법을 설하되 그 법으로 해탈을 증득하지 않는 것이 부처님께서 거두어 지니시는 바이며, 함이 없는 법을 즐겨 관찰하되 그 가운데 머무르지 않으며, 함이 있고 함이 없음에 둘이라는 생각을 내지 않는 것이 부처님께서 거두어 지니시는 바이다.

남이 없는 곳에 이르렀으나 태어남을 나타내는 것이 부처님께서 거두어 지니시는 바이며, 비록 일체지를 증득하였으나 보살행을 일으켜 보살의 종자를 끊지 않는 것이 부처님께서 거두어 지니시는 바이다.

이것이 열이다.

만약 모든 보살들이 그 가운데 편안히 머무르면 곧 모든 부처님의 위 없는 거두어 지니시는 힘을 얻는다.

불자들이여, 보살마하살이 열 가지 법의 거두어 지니는 바가 있다.
무엇이 열인가?
이른바 일체 행이 무상함을 아는 것이 법의 거두어 지니는 바이며, 일체 행이 괴로움임을 아는 것이 법의 거두어 지니는 바이며, 일체 행이 '나'가 없음을 아는 것이 법의 거두어 지니는 바이며, 일체 법이 적멸하여 열반임을 아는 것이 법의 거두어 지니는 바이다.

  모든 법이 연으로 일어나고 연이 없으면 일어나지 않음을 아는 것이 법의 거두어 지니는 바이며, 바르지 못한 생각 때문에 무명을 일으키고 무명이 일어난 까닭으로 내지 늙고 죽음이 일어나며, 바르지 못한 생각이 멸한 까닭으로 무명이 멸하고 무명이 멸한 까닭으로 내지 늙고 죽음이 멸함을 아는 것이 법의 거두어 지니는 바이다.

 삼해탈문은 성문승을 출생하고 다툼이 없는 법을 증득함은 독각승을 출생함을 아는 것이 법의 거두어 지니는 바이며, 육바라밀과 사섭법으로 대승을 출생함을 아는 것이 법의 거두어 지니는 바이다.

 일체 세계와 일체 법과 일체 중생과 일체 세상이 부처님 지혜의 경계임을 아는 것이 법의 거두어 지니는 바이며, 일체 생각을 끊고 일체 취착을 버리고 앞뒤 경계를 여의어 열반을 수순함을 아는 것이 법의 거두어 지니는 바이다.

이것이 열이다.

만약 모든 보살들이 그 가운데 편안히 머무르면 곧 일체 모든 부처님의 위없는 법의 거두어 지니는 바를 얻는다.

불자들이여, 보살마하살이 도솔천에 머물러 열 가지 짓는 바 없이 있다.

무엇이 열인가?

이른바 욕계의 모든 천자들을 위하여 싫어해 떠나는 법을 설하되 '일체 자재함이 모두 무상이며, 일체 쾌락은 모두 마땅히 쇠퇴한다'라고 하여, 저 모든 천자들에게 권하여 보리심을 내게 한다.

이것이 첫째 짓는 바 업이다.

색계의 모든 천신들을 위하여 모든 선정과 해탈과 삼매에 들고 남을 말하되, 만약 그 가운데 애착을 내고, 애착을 인하여 다시 몸이라는 소견과 삿된 소견과 무명 등을 내면 곧 그들을 위하여 여실한 지혜를 설한다.

만약 일체 색과 색 아닌 법에 뒤바뀐 생각을 일으켜 청정이라 하면 위하여 깨끗하지 못한 것이 모두 무상한 것이라 설하며, 그들에게 권하여 보리심을 내게 한다.

이것이 둘째 짓는 바 업이다.

보살마하살이 도솔천에 머물러 삼매에 드니 이름이 '광명장엄'이다. 몸에서 광명을 놓아 삼천대천세계를 두루 비추되 중생 마음을 따라 갖가지 음성으로 법을 설하면 중생들이 듣고는 신심이 청정하며, 목숨이 다하여 도솔천에 태어나면 그들에게 권하여 보리심을 내게 한다.

이것이 셋째 짓는 바 업이다.

보살마하살이 도솔천에 있음에 장애 없는 눈으로 시방의 도솔천 가운데 일체 보살을 널리 보고, 저 모든 보살들도 다 또한 이것을 보며, 서로서로 보고는 미묘한 법을 논하고 설한다.

이른바 도솔천에서 내려오고, 어머니 태에 들고, 탄생하고, 출가하고, 도량에 나아가 큰 장엄을 갖추며, 그리고 지난 옛적부터 행하던 행을 다시 나타내 보이되, 그 행으로 이 큰 지혜와 있는 바 공덕을 이루어 본래 처소를 떠나지 않고 이와 같은 등의 일을 능히 나타내 보인다.

이것이 넷째 짓는 바 업이다.

보살마하살이 도솔천에 머무름에 시방의 일체 도솔천궁의 모든 보살 대중들이 모두 다 모여 와서 공경하며 둘러쌌다.

그때에 보살마하살이 그 모든 보살들로 하여금 그 원을 다 만족하여 환희를 내게 하려는 까닭으로 그 보살들의 마땅히 머무를 바 지위와, 행할 바와, 끊을 바와, 닦을 바와, 증득할 바를 따라서 법문을 연설하였다.

그 모든 보살들이 법 설함을 듣고는 다 크게 환희하여 미증유를 얻고 각각 본토에 살던 궁전으로 돌아간다.

이것이 다섯째 짓는 바 업이다.

보살마하살이 도솔천에 머무를 때에 욕계의 주인인 천마 파순이 보살의 업을 파괴하여 어지럽히려는 까닭으로 권속에게 둘러싸여 보살의 처소에 나아갔다.

그때 보살이 마군을 꺾어 굴복시키기 위한 까닭으로 금강도에 속한 바 반야바라밀의 방편과 교묘한 지혜의 문에 머물러서 부드럽고 거친 두 가지 말로써 위해 법을 설하여, 마왕 파순으로 하여금 그 편의를 얻지 못하게 하니, 마는 보살의 자재한 위력을 보고 모두 아뇩다라삼먁삼보리심을 낸다.

이것이 여섯째 짓는 바 업이다.

보살마하살이 도솔천에 머무를 때에 욕계의 모든 천자들이 법문 듣기를 좋아하지 않음을 알고는, 그때 보살이 큰 소리를 내어 두루 그들에게 말하기를 '오늘 보살이 궁중에서 희유한 일을 나타낼 것이니, 만약 보려고 하면 마땅히 빨리 나아가야 할 것이다'라고 하였다.

이때에 모든 천자들이 이 말을 듣

고는 한량없는 백천억 나유타 대중들이 모두 모여 왔다. 그때에 보살이 모든 천자대중이 다 와서 모인 것을 보고 궁중에서 모든 희유한 일을 나타내니, 그 모든 천자들이 일찍이 보고 듣지 못하던 것이었다. 이미 보고는 다 크게 환희하여 그 마음이 취하여 빠져들었다.

또 음악 속에서 소리를 내어 말하되 '모든 어진 분들이여, 일체 모든 행은 모두 다 무상하며, 일체 모든 행은 모두 다 괴로움이며, 일체 모든 법은 모두 다 '나'가 없으며, 열반은 적멸하다'라고 하였다.

또 다시 말하기를 '그대들은 다 마땅히 보살행을 닦아야 하고 다 마땅히 일체지의 지혜를 원만하게 해야 한다'라고 하면, 저 모든 천자들이 이 법음을 듣고 근심 걱정하고 탄식하면서 싫어하여 여의는 생각을 내고 다 보리의 마음을 내지 않음이 없다.

이것이 일곱째 짓는 바 업이다.

보살마하살이 도솔천궁에 머무름

에 본래 처소를 떠나지 않고 모두 능히 시방의 한량없는 일체 부처님 처소에 나아가 모든 여래를 뵙고, 친근하여 예배하며 공경히 법을 들었다.

그때에 모든 부처님께서 보살로 하여금 최상의 관정법을 얻게 하려는 까닭으로 보살의 지위를 설하니, 이름이 '일체 신통'이다. 한 생각과 서로 응하는 지혜로 일체 가장 수승한 공덕을 구족하고 일체지의 지혜인 자리에 들어간다.

이것이 여덟째 짓는 바 없이다.

보살마하살이 도솔천궁에 머무를 때에 모든 여래께 공양올리려는 까닭으로 큰 위신력으로써 갖가지 모든 공양거리를 일으키니, 이름이 '수승한 가히 즐거움'이다. 법계 허공계의 일체 세계에 두루하여 모든 부처님께 공양올리는데, 그 세계 가운데 한량없는 중생들이 이 공양올리는 것을 보고 모두 아뇩다라삼먁삼보리심을 낸다.

이것이 아홉째 짓는 바 업이다.

보살마하살이 도솔천에 머무름에

한량없고 가없는 환과 같고 그림자와 같은 법문을 내어 시방의 일체 세계에 두루하여, 갖가지 색과 갖가지 모양과 갖가지 형체와 갖가지 위의와 갖가지 사업과 갖가지 방편과 갖가지 비유와 갖가지 말을 나타내 보이되 중생들의 마음을 따라 다 환희하게 한다.

이것이 열째 짓는 바 업이다.

불자들이여, 이것이 보살마하살이 도솔천에 머무르면서 열 가지 짓는 바 업이다. 만약 모든 보살들이 이 법을 성취하면 곧 능히 후에 인간에 내려와 태어난다.

불자들이여, 보살마하살이 도솔천에서 장차 내려와 태어날 때에 열 가지 일을 나타낸다.
무엇이 열인가?
불자들이여, 보살마하살이 도솔천에서 내려와 태어날 때에 발바닥으로부터 큰 광명을 놓으니, 이름이 '안락한 장엄'이다. 삼천대천세계를 널리 비추니 일체 나쁜 갈래의 모든 어려운 곳의 중생들이 이 광명에 닿는 자는 모두 괴로움을 여의고 안락을 얻지 않음이 없다. 안락을 얻고는 모두 장차 신기하고 특별한 대인이 세상에 출현하실 줄을 안다. 이것이 첫째로 나타내 보이는 일이다.

불자들이여, 보살마하살이 도솔천에서 내려와 태어날 때에 미간의 백호상에서 큰 광명을 놓으니, 이름이 '깨우침'이다. 삼천대천세계를 두루 비추어 저 지난 세상에서 일체 함께 수행하던 모든 보살들의 몸을 비추었다.

그 모든 보살들이 광명의 비춤을 받고는 모두 보살이 장차 내려와 태어나려는 것을 알고 각각 한량없는 공양거리를 일으켜 보살의 처소에 나아가 공양을 올린다. 이것이 둘째로 나타내 보이는 일이다.

불자들이여, 보살마하살이 도솔천에서 내려와 태어나려 할 때에 오른손바닥에서 큰 광명을 놓으니, 이름이 '청정한 경계'이다. 모두 능히 일체 삼천대천세계를 깨끗이 장엄한

다.

　그 가운데 만약 이미 무루를 얻은 모든 벽지불로서 이 광명을 깨달은 자는 곧 목숨을 버리고, 만약 깨닫지 못한 자는 광명의 힘 때문에 타방의 다른 세계로 옮기며, 일체 모든 마와 모든 외도와 소견 있는 중생들도 다 또한 타방세계로 옮기지만, 오직 모든 부처님의 위신력으로 가지하여 마땅히 교화받을 중생은 제외한다. 이것이 셋째로 나타내 보이는 일이다.

　불자들이여, 보살마하살이 도솔천

에서 장차 내려와 태어나려 할 때에 그 두 무릎에서 큰 광명을 놓으니, 이름이 '청정한 장엄'이다. 일체 모든 하늘의 궁전들을 널리 비추되 아래로 호세사천왕천으로부터 위로 정거천에 이르기까지 두루하지 않음이 없다.

저 모든 천자 등은 모두 보살이 도솔천에서 장차 내려와 태어나려는 것을 알고 모두 연모하며 슬피 탄식하고 걱정하면서 갖가지 화만과 의복과 바르는 향과 가루향과 번기와 일산과 기악을 가지고 보살의 처소에 나아가 공경하고 공양하며, 따라 내려와서 태어나고 열반에까지 이른다. 이것이 넷째로 나타내 보이는 일이다.

불자들이여, 보살마하살이 도솔천에서 장차 내려와 태어나려 할 때에 만(卐)자 금강으로 장엄한 심장 가운데에서 큰 광명을 놓으니, 이름이 '능히 이길 이 없는 당기'이다. 시방 일체 세계의 금강역사에게 널리 비추니, 그때에 백억 금강역사들이 있어 모두 다 모여 와서 따라다니고 시위하되 처음 내려와 태어날 때부터 열반에까지 이른다. 이것이 다섯째로 나타내 보이는 일이다.

불자들이여, 보살마하살이 도솔천에서 장차 내려와 태어나려 할 때에 그 몸에 있는 일체 모공에서 큰 광명을 놓으니, 이름이 '중생을 분별함'이다. 일체 대천세계를 널리 비추어서 일체 모든 보살의 몸에 두루 닿고, 다시 일체 모든 천신과 세상 사람들에게 닿으면 모든 보살들은 모두 이렇게 생각하기를 '내가 마땅히 여기 머무르면서 여래께 공양올리고 중생들을 교화해야 하리라'고 한다. 이것이 여섯째로 나타내 보이는 일이다.

불자들이여, 보살마하살이 도솔천에서 장차 내려와 태어나려 할 때에 대마니보장전에서 큰 광명을 놓으니, 이름이 '잘 머물러 관찰함'이다. 이 보살이 장차 태어날 곳인 의탁할 왕궁을 비춘다. 그 광명이 비추고 나면 모든 다른 보살들이 다 함께 따라서 염부제에 내려오되, 그 집과 그 마을과 그 도시에서 태어남을 나타내니 모든 중생들을 교화하려고 하는 까닭이다. 이것이 일곱째로 나타내는 일이다.

불자들이여, 보살마하살이 도솔천에서 내려와 태어나려 할 때에 하늘 궁전과 큰 누각의 모든 장엄거리에서 큰 광명을 놓으니, 이름이 '일체 궁전의 청정한 장엄'이니 태어날 어머니의 배를 비춘다.

광명이 비추고 나면 보살의 어머니

는 편안하고 쾌락하여 일체 공덕을 구족히 성취하게 하며, 그 어머니 배 속에 자연히 광대한 누각이 있어 큰 마니보배로 장엄하니, 보살의 몸을 편안히 있게 하려는 까닭이다. 이것이 여덟째로 나타내 보이는 일이다.

불자들이여, 보살마하살이 도솔천에서 내려와 태어나려 할 때에 두 발 바닥에서 큰 광명을 놓으니, 이름이 '잘 머무름'이다. 만약 모든 천자와 모든 범천들이 그 목숨이 장차 다하려 함에 이 광명이 비추어 닿음을 입으면 다 수명에 머무름을 얻어서 보살에게 공양올리되, 처음 내려와 태어날 때부터 열반에까지 이른다. 이것이 아홉째로 나타내 보이는 일이다.

 불자들이여, 보살마하살이 도솔천에서 내려와 태어나려 할 때에 잘생긴 모습에서 큰 광명을 놓으니, 이름이 '눈 장엄'이다. 보살의 갖가지 모든 업을 나타내 보이는데 그때에 모든 사람과 천인들은 혹은 보살이 도솔천에 머무름을 보기도 하고 혹은 태에 들어감을 보기도 하고 혹은 처음 탄생함을 보기도 하고 혹은 출가함을 보기도 하고 혹은 성도함을 보기도 하고 혹은 마를 항복 받음을 보기도 하고 혹은 법륜을 굴리심을 보기도 하고 혹은 열반에 드심을 보기도 한다. 이것이 열째로 나타내 보이는 일이다.

불자들이여, 보살마하살이 몸에서와 자리에서와 궁전에서와 누각에서 이와 같은 등의 백만 아승지 광명을 놓아 갖가지 모든 보살의 업을 모두 나타내며, 이 업을 나타내고는 일체 공덕의 법을 구족하는 까닭으로 도솔천으로부터 인간에 내려와 태어나는 것이다."

회향송

아차보현수승행
무변승복개회향
보원침익제중생
속왕무량광불찰

시방삼세일체불
제존보살마하살
마하반야바라밀

廻向頌

我此普賢殊勝行
無邊勝福皆迴向
普願沈溺諸衆生
速往無量光佛刹

十方三世一切佛
諸尊菩薩摩訶薩
摩訶般若波羅蜜

大方廣佛華嚴經 — 부록

- 대방광불화엄경 목차
- 간행사

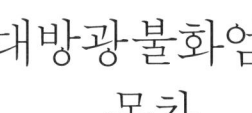

대방광불화엄경
목차

⟨제1회⟩

제1권	제1품	세주묘엄품 [1]
제2권	제1품	세주묘엄품 [2]
제3권	제1품	세주묘엄품 [3]
제4권	제1품	세주묘엄품 [4]
제5권	제1품	세주묘엄품 [5]
제6권	제2품	여래현상품
제7권	제3품	보현삼매품
	제4품	세계성취품
제8권	제5품	화장세계품 [1]
제9권	제5품	화장세계품 [2]
제10권	제5품	화장세계품 [3]
제11권	제6품	비로자나품

⟨제2회⟩

제12권	제7품	여래명호품
	제8품	사성제품
제13권	제9품	광명각품
	제10품	보살문명품
제14권	제11품	정행품
	제12품	현수품 [1]
제15권	제12품	현수품 [2]

⟨제3회⟩

제16권	제13품	승수미산정품
	제14품	수미정상게찬품
	제15품	십주품
제17권	제16품	범행품
	제17품	초발심공덕품
제18권	제18품	명법품

〈제4회〉

제19권 제19품 승야마천궁품

　　　　 제20품 야마궁중게찬품

　　　　 제21품 십행품 [1]

제20권 제21품 십행품 [2]

제21권 제22품 십무진장품

〈제5회〉

제22권 제23품 승도솔천궁품

제23권 제24품 도솔궁중게찬품

　　　　 제25품 십회향품 [1]

제24권 제25품 십회향품 [2]

제25권 제25품 십회향품 [3]

제26권 제25품 십회향품 [4]

제27권 제25품 십회향품 [5]

제28권 제25품 십회향품 [6]

제29권 제25품 십회향품 [7]

제30권 제25품 십회향품 [8]

제31권 제25품 십회향품 [9]

제32권 제25품 십회향품 [10]

제33권 제25품 십회향품 [11]

〈제6회〉

제34권 제26품 십지품 [1]

제35권 제26품 십지품 [2]

제36권 제26품 십지품 [3]

제37권 제26품 십지품 [4]

제38권 제26품 십지품 [5]

제39권 제26품 십지품 [6]

〈제7회〉

제40권 제27품 십정품 [1]

제41권 제27품 십정품 [2]

제42권 제27품 십정품 [3]

제43권 제27품 십정품 [4]

제44권 제28품 십통품

　　　　 제29품 십인품

제45권 제30품 아승지품

　　　　 제31품 수량품

　　　　 제32품 제보살주처품

제46권 제33품 불부사의법품 [1]

제47권 제33품 불부사의법품 [2]

제48권	제34품	여래십신상해품		제63권	제39품	입법계품 [4]
	제35품	여래수호광명공덕품		제64권	제39품	입법계품 [5]
제49권	제36품	보현행품		제65권	제39품	입법계품 [6]
제50권	제37품	여래출현품 [1]		제66권	제39품	입법계품 [7]
제51권	제37품	여래출현품 [2]		제67권	제39품	입법계품 [8]
제52권	제37품	여래출현품 [3]		제68권	제39품	입법계품 [9]
				제69권	제39품	입법계품 [10]
〈제8회〉				제70권	제39품	입법계품 [11]
제53권	제38품	이세간품 [1]		제71권	제39품	입법계품 [12]
제54권	제38품	이세간품 [2]		제72권	제39품	입법계품 [13]
제55권	제38품	이세간품 [3]		제73권	제39품	입법계품 [14]
제56권	제38품	이세간품 [4]		제74권	제39품	입법계품 [15]
제57권	제38품	이세간품 [5]		제75권	제39품	입법계품 [16]
제58권	제38품	이세간품 [6]		제76권	제39품	입법계품 [17]
제59권	제38품	이세간품 [7]		제77권	제39품	입법계품 [18]
				제78권	제39품	입법계품 [19]
〈제9회〉				제79권	제39품	입법계품 [20]
제60권	제39품	입법계품 [1]		제80권	제39품	입법계품 [21]
제61권	제39품	입법계품 [2]				
제62권	제39품	입법계품 [3]				

간행사

    귀의삼보 하옵고,

    『대방광불화엄경』의 수지 독송과 유통을 발원하면서 수미정사 불전연구원에서 『독송본 한문·한글역 대방광불화엄경』과 『사경본 한글역 대방광불화엄경』을 편찬하여 간행하게 되었습니다.

    『화엄경』은 우리나라에 전래된 이래 일찍부터 사경되고 주석·강설되어 왔으며 근현대에 이르러서는 『화엄경』의 한글 번역과 연구도 부쩍 많이 이루어졌습니다. 그만큼 『화엄경』이 우리 불자님들의 신행과 해탈에 큰 의지처가 되었던 것임을 알 수 있습니다.

    『화엄경』을 독송하고 사경하는 공덕은 설법 공덕과 함께 크게 강조되어 왔습니다. 그리하여 수미정사 불전연구원에서도 『화엄경』(80권)을 독송하고 사경하는 데 도움이 되도록 한문 원문과 한글역을 함께 수록한 독송본과 한글역의 사경본 『화엄경』 간행불사를 발원하였습니다. 이 『화엄경』 간행불사에 뜻을 같이하여 적극 후원해주신 스님들과 재가 불자님들께 깊이 감사드립니다. 또한 『화엄경』을 수지 독송할 수 있도록 경책의 모습으로 장엄해 주신 편집위원들과 담앤북스 출판사 관계자들께도 고마움을 표합니다.

    끝으로 이 불사의 원만 회향으로 『화엄경』이 널리 유통되고, 온 법계에 부처님의 가피가 충만하시길 기원드립니다.

    나무 대방광불화엄경

불기 2564년 '부처님오신날'을 봉축하며
수미해주 합장

위태천신(동진보살)

수미해주 須彌海住

호거산 운문사에서 성관 스님을 은사로 출가, 석암 대화상을 계사로 사미니계 수계, 월하 전계사를 계사로 비구니계 수계, 계룡산 동학사 전문강원 졸업, 동국대학교 불교대학 및 동 대학원 졸업, 철학박사, 가산지관 대종사에게서 전강, 동국대학교 불교대학 교수, 동학승가대학 학장 및 화엄학림 학림장, 중앙승가대학교 법인이사 역임.
(현) 수미정사 주지, 동국대학교 명예교수.
저·역서로 『의상화엄사상사연구』, 『화엄의 세계』, 『정선 원효』, 『정선 화엄 1』, 『정선 지눌』, 『법계도기총수록』, 『해주스님의 법성게 강설』 등 다수.

사경본 한글역
대방광불화엄경 제58권

| 초판 1쇄 발행_ 2025년 7월 24일

| 엮 은 이_ 수미해주
| 엮 은 곳_ 수미정사 불전연구원
| 편집위원_ 해주 수정 경진 선초 정천 석도 박보람 최원섭
| 편 집 보_ 무이 무진 지욱 혜명

| 펴 낸 이_ 오세룡
| 펴 낸 곳_ 담앤북스
    서울특별시 종로구 새문안로3길 23 경희궁의 아침 4단지 805호
    대표전화 02)765-1251 전자우편 dhamenbooks@naver.com
    출판등록 제300-2011-115호
| ISBN_ 979-11-6201-552-0 04220

이 책은 저작권 법에 따라 보호받는 저작물이므로 무단전재와 복제를 금합니다.
이 책 내용의 전부 또는 일부를 이용하려면 반드시 저작권자와 담앤북스의 서면 동의를 받아야 합니다.

정가 10,000원
ⓒ 수미해주 2025